¿Bullying?

¡No toleramos el Bullying!

Hay algo que los padres pueden hacer

Por Deborah Thorne

Especialista en Resolución de Conflictos

Kids First Press
Culver City, CA

¿Bullying?
¡No toleramos el bullying!
Hay algo que los padres pueden hacer

ISBN 13: 978-1523385102

Padres,

Para hacer una reservación para que Ms. D hable o lleve al equipo de Kids First a su escuela, iglesia u organización juvenil:

Envíen un email a **ItsKidsFirst@gmail.com**

O llamen al **310-497-1640**

Contenidos:

Si hubiera una enfermedad que

- afectara al 90% de los estudiantes de primaria
- causara que 160.000 niños se quedaran en casa cada día
- atacara a 280.000 niños cada mes

Habría una protesta pública.

Se invertiría en recursos para su erradicación

Se tomaría acción

Existe tal padecimiento que afecta a nuestros hijos

se llama

¡Bullying!

Introducción

Pareciera que cada día los medios de noticias reportan otro caso de bullying. El bullying ocurre en zonas rurales, urbanas, suburbanas y en el centro de las ciudades. Los medios de comunicación reportan sobre su prevalencia en Australia, Gran Bretaña, Canadá, China, Alemania, Indonesia, Japón, Sudáfrica, y también en los Estados Unidos.

El HBSC (Health Behavior in School Aged Children) encuestó a 200.000 niños en 40 países. Los hallazgos de la encuesta fueron que Estados Unidos se encuentra en un nivel medio en lo que respecta a la cantidad de bullying en el país. 50% de las niñas en edad escolar en Indonesia reportaron haber sido víctimas de bullying cibernético. Los Periódicos de Caxton en Sudáfrica reportan que Sudáfrica tiene la tasa más alta de bullying en el mundo para el grupo edad de cuarto grado. Se estima que el 55% de los alumnos de cuarto grado en Sudáfrica sufren de bullying con frecuencia.

Esto es lo que sabemos del bullying en los Estados Unidos:

- El 90% de los estudiantes de primaria informan que han sido víctimas de bullying
- 15 a 24% de los alumnos de secundaria/ bachillerato reportan que son víctimas de bullying con cierta frecuencia, es decir, al menos una vez al mes

- 15 a 20% de los estudiantes de secundaria/bachillerato reportan que agreden a otros con cierta frecuencia, es decir, al menos una vez al mes

• 86% de los estudiantes gay y lesbianas reportan haber sido agredidos regularmente

- 61% de los estudiantes gay/lesbianas dicen que se sienten inseguros en la escuela

- 42% de los estudiantes reportan haber sido agredidos en línea, el 25% más de una vez

- 45% de los niños con alergias a los alimentos son agredidos.

- 31% de los niños con alergias a los alimentos son amenazados con el alimento al que son alérgicos.

• Los niños con alergias a los alimentos son sufren con frecuencia de agresión por parte de los maestros y otros adultos

- 66% de los estudiantes superdotados son agredidos en el momento que llegan a octavo grado

- 34% de todos los niños reportan haber sido agredidos varias veces al año

- 86% de los niños de 12 a 15 años reportan que al menos un tipo de agresión ha interferido con sus estudios de forma moderada a grave

- **43% de los niños de escuela secundaria evita los baños y vestuarios a toda costa debido a que representan la certeza de ser agredidos**

- Más de 25 millones de familias están traumatizadas por el bullying actualmente

- 98% de los estudiantes indican que quieren que los maestros intervengan

- 60% de los chicos que agreden son acusados de haber cometido un delito al cumplir los 24 años

- **El bullying es un factor importante en el suicidio entre los niños de 11 a 16 años**

- Según un estudio de la Escuela de Salud de Harvard del 2011, los agresores de sexo masculino son casi cuatro veces más propensos en comparación a los no agresores a abusar física o sexualmente de sus parejas femeninas al llegar a la edad adulta.

- **El bullying fue un factor en 2/3 de los tiroteos en las 37 escuelas evaluadas**

por el Servicio Secreto de los Estados Unidos.

- Estudios recientes sobre el bullying han encontrado que las calificaciones aprobatorias en evaluaciones estandarizadas en materias como   álgebra, ciencias de la tierra e historia mundial fueron de 3 a 6% más bajas en las escuelas con un ambiente de agresión más intenso

- 160.000 estudiantes se quedan en casa en determinado día debido al bullying

- 3 millones de estudiantes se ausentan cada mes porque se sienten inseguros en la escuela

- 280.000 estudiantes son atacados físicamente en la escuela secundaria cada mes

• En las escuelas en las que hay programas contra el bullying, las agresiones se reducen en un 50%

Las estadísticas también nos dicen que ocurre un incidente de bullying aproximadamente cada siete minutos. Cuando ocurre la agresión, los niños intervienen en nombre de sus compañeros en aproximadamente 11% de las veces. Pero la estadística realmente triste es,

•Los adultos intervienen solo aproximadamente 4% de las veces

El Secretario de Educación, Arne Duncan, dijo que una de las razones por las que los maestros no intervienen es porque no saben qué hacer. Lo mismo puede decirse de los padres y otros adultos que de otra forma podrían ayudar a las víctimas.

El psicólogo estadounidense Abraham Maslow, creó una jerarquía de necesidades para explicar las prioridades en las necesidades innatas de un ser humano en su camino a convertirse en todo lo que puede llegar a ser. Esta es su lista de necesidades:

Jerarquía de las necesidades de Maslow

Autorrealización

Moralidad, Creatividad, Espontaneidad, Resolución de problemas, Falta de prejuicios, Aceptación de los hechos

Reconocimiento

Autoreconocimiento, Confianza, Éxito,

Respeto hacia los demás, Respeto de los demás

Amor/Pertenencia

Amistad, Familia, Intimidad sexual

Seguridad

Seguridad física, de empleo, de recursos, moral, familiar, de salud, de propiedad privada

Fisiológica

Respiración, Alimentación, Agua, Sexo, Sueño, Homeostasis, Excreción

La seguridad es una necesidad básica. Está en segundo lugar, solamente después de la respiración, la alimentación, el sueño, etc. El bullying cae en la categoría de seguridad. Si los niños no se sienten seguros, no pueden aprender.

Si los niños no se sienten seguros, nunca alcanzarán su máximo potencial.

¿Bullying?

¡No Toleramos el Bullying!

Hay algo que los padres pueden hacer

Ustedes, los padres, sabrán qué es lo que se debe hacer para mantener a sus hijos seguros.

El bullying no es algo nuevo. Ha existido desde hace mucho tiempo y tiene efectos duraderos.

¿Alguna vez has sido tú el agredido?

> *¿Alguna vez has sido tú el que agrede a alguien?*
>
> *¿Alguna vez has visto cómo agreden a alguien?*

Estas son preguntas que suelo hacer al comienzo de cualquier taller sobre bullying que hago con adultos. Les pido que todos los que puedan responder que "sí" a cualquiera de estas tres preguntas se pongan de pie.

No importa el tamaño de la audiencia, por lo general hay una o dos personas que permanecen sentadas. ¿Y tú?

¿Alguna vez has sido <u>tú</u> el agredido?

> *¿Alguna vez has sido <u>tú</u> el que agrede a alguien?*
>
> *¿Alguna vez <u>has visto</u> cómo agreden a alguien?*

Si respondiste que sí a cualquiera de estas preguntas, has estado expuesto al trauma del bullying.

> **¿Recuerdas algún momento en el hayas sido agredido?**
>
> **¿Recuerdas cuál fue el incidente?**
>
> **¿Qué sucedió?**

¿Dónde sucedió?

¿Quién estaba ahí?

¿Le dijiste a alguien?

¿Hace cuánto sucedió?

Cuando hago estas preguntas a los grupos, me sorprenden los vívidos recuerdos de las personas. Me pueden decir la hora del día, época del año y lo que llevaban puesto con extremo detalle.

Entonces hablamos de hace cuánto tiempo ocurrió el incidente. Escucho respuestas como: hace veinte, treinta y cuarenta años. ¡El tiempo más prolongado que he escuchado hasta ahora es de cincuenta y tres años! También he escuchado respuestas como: hace cerca de dos meses. Esto no es sorprendente ya que el 35% de los adultos reportan haber sido agredidos en el lugar de trabajo.

Mi propio incidente ocurrió hace casi cincuenta años. Recuerdo el caso a detalle:

> *Era una tarde soleada y regresaba a casa de la escuela secundaria. Estaban construyendo un edificio en la Autopista 10 y tenía que pasar por la construcción. Tres chicas decidieron que sería divertido lanzarme unas rocas. Se burlaron de mí por ser gordita y me lanzaron piedras a lo largo de varias cuadras. Lo más difícil para mí en ese entonces fue que ni siquiera conocía a las chicas. Nunca habíamos tenido una conversación, fue una situación verdaderamente difícil de entender para una chica de 13 años.*

¿Por qué les desagradé tanto como para que me lanzaran rocas?

Este fue el precedente de un largo periodo de no sentirme "lo suficientemente buena".

Encuesta de bullying para los padres

1. ¿Qué tan segura es la escuela de tu hijo? _____

    En la escala del 1 al 10, siendo 10 el más seguro

2. ¿Por qué elegiste ese puntaje? _____

3. ¿Con qué frecuencia son agredidos los niños en la escuela de tu hijo?

    Nunca Algunas veces   Con frecuencia   No lo sé

4. ¿Alguna vez han sido agredido tu hijo?   Sí   No

5. De ser así, ¿a quién se lo dijo? _____

6. ¿Qué medidas se tomaron?

    _____

7. Si no le dijeron a nadie, ¿por qué no? _____

8. ¿A quién se supone que los niños deben reportar una agresión en la escuela?

9. ¿Qué pasa cuando los niños son agredidos?

10. ¿Cuál es el proceso?

11. ¿Cuentas con una copia de la política anti-bullying de la escuela?
    Sí   No

12. ¿Qué tan involucrados están los padres en la política?

¿Por qué deberías escucharme a mí, Deborah Thorne?

Soy una mediadora certificada. Soy la fundadora y Especialista Jefe en Resolución de Conflictos con los **Servicios de Resolución de Conflictos y Capacitación de Kids First.** Durante más de una década, Kids First ha estado ayudando a los niños a resolver conflictos, aprendiendo a utilizar sus palabras en vez de sus manos, o peor. *Traigo la experiencia desde las trincheras, no teorías.*

Durante más de cuarenta años, he servido como defensora de los niños. He servido como líder juvenil de la iglesia, he enseñado en la escuela dominical, he enseñado modulación y autoestima, dirigido clases y talleres, servido como mentora, he sido voluntaria en Ventura Correctional Facility (Centro Penitenciario de Ventura), servido en el consejo de Epiphany Ministries, y también fui coordinadora del personal de salud en una escuela primaria. He sido voluntaria y mediadora en la división de proyectos juveniles de Centinela Valley. Soy titular de los derechos de educación para los niños en tribunales y dependencias juveniles.

He trabajado con miles de niños, cuento con experiencia en escuelas urbanas. Kids First se ha desempeñado exitosamente en algunas de las escuelas más difíciles en el condado de Los Ángeles. He estado en las trincheras.

Como entrenadora y experta anti-bullying competente, entre las organizaciones en las que he proporcionado servicios de capacitación se incluyen: el Compton, El Distrito Escolar Unificado de Los Ángeles y Manhattan Beach; los Departamentos de Servicios Sociales y Transporte del Estado de California; el Departamento de Policía de Culver City; Job Corp; la YMCA;

Clubes de Chicos y Chicas; y muchas comunidades locales y organizaciones religiosas.

Como oradora altamente solicitada, entre las conferencias ante las que me he presentado se incluyen: la Asociación de las Escuelas Chárter de California; la Liga de California de Escuelas Secundarias; la Asociación de Estudiantes Reaching At Promise; la Asociación de Supervisores de Bienestar y Asistencia de California; Council of Black Administrators (Consejo de los administradores negros); El Consejo Regional de Occidente sobre la Educación de los Niños Negros; la Alianza Nacional de Educadores Negros.

Para miles de niños, soy **Ms. D**. Y he sido certificada en repetidas ocasiones por los niños con los que trabajo como Adulto de Confianza. (Más información sobre esto más adelante.)

Entre las publicaciones de mi autoría se encuentran:

> **I Can Manage My Anger**, (Puedo manejar mi ira) un libro de ejercicios que acompaña a *What's Up with Managing Anger (Qué pasa con el manejo de la ira)*
>
> **It's All About Me!** (¡Todo se trata de mí!) Que promueve la creatividad, autoexploración, la responsabilidad, formación del carácter, y una mayor autoestima.
>
> **We Don't Tolerate Bullying at Our School, A Guide for Educators**, (No toleramos el bullying en nuestras escuelas,

una guía para los educadores) proporcionando estrategias anti-bullying para los educadores.

We Don't Tolerate Bullying at Our School, A Guide for Student Leaders, (No toleramos el bullying en nuestra escuela, una guía para los líderes estudiantiles) proporcionando estrategias anti-bullying para los líderes estudiantiles.

Soy madre de un hijo adulto, Robert, a quien crie exitosamente como madre soltera. Robert es un Pastor del Evangelio. Soy abuela de un adolescente, también llamado Robert, que tiene autismo.

Deborah Thorne, *Ms. D*
para miles de niños

¿Qué gano yo?
¿Por qué debe de importarme?

Creo que hay algo que los padres y otros adultos pueden hacer respecto al bullying. El propósito de este libro es mostrar algunas de estas opciones. Este libro no pretende ser una obra maestra literaria, sino servir como guía para los padres y otras personas que quieren ayudar a erradicar esta plaga en nuestra sociedad.

¡Bullying! *¡No toleramos el bullying!* **te enseñará:**

- ✓ Los tres elementos del bullying

- ✓ Los cuatro tipos de bullying

- ✓ Qué no funciona

- ✓ La estrategia de cuatro puntas que funciona

- ✓ Estrategias para niños con necesidades especiales

- ✓ El eslabón perdido

- ✓ El bullying no se detiene cuando suena las campana

- ✓ Y estrategias que se pueden empezar a utilizar hoy

Tu hijo tendrá

Una escuela más segura y un mejor ambiente de aprendizaje

Tú tendrás

Más confianza como padre y un hijo más feliz

Los Servicios de Resolución de Conflictos y Capacitación de Kids First son tu recurso de confianza para el bullying y otros comportamientos agresivos.

El triángulo del bullying™

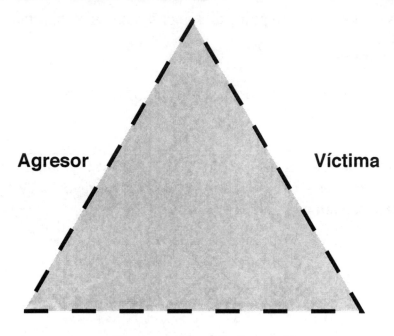

El triángulo del bullying™ representa los tres elementos
necesarios para una situación de agresión:

- Un agresor

- Una víctima

- Una comunidad que lo tolera

Los tres elementos deben estar presentes. Si se remueve cualquier
elemento del triángulo, el bullying se detiene de inmediato. En
realidad es muy simple, pero no necesariamente fácil.

¿Qué es el Bullying?

¿Cuál es la definición de bullying? Si se lo preguntas a diez personas, obtendrás diez respuestas diferentes.

El Departamento de Salud y Servicios Humanos define al *bullying como un comportamiento agresivo intencional y que involucra un desequilibrio de poder o fuerza.*

Por lo regular se repite una y otra vez. Un niño que está siendo agredido tiene dificultades para defenderse a sí mismo. Es como lo que la Suprema Corte de Justicia decía de la pornografía. No tenía una definición clara, pero la reconocía cuando la veía. Pasa lo mismo con el bullying.

> El Departamento de Salud y Servicios Humanos define al bullying como un comportamiento agresivo intencional y que involucra un desequilibrio de poder o fuerza

•El bullying suele implicar un desequilibrio de poder. El agresor y la víctima por lo general no son amigos. Sin embargo, en algunos casos pudieron haber sido amigos antes.

- Las acciones por lo general se repiten, y no son un incidente de una sola vez.

- Las acciones tienen un propósito y están diseñadas para ser hirientes o causar una grave amenaza.

23

- El agresor busca poder o control sobre la víctima; Esto puede suponer tomar las pertenencias de otros.

- La víctima tiene una reacción emocional fuerte y siente una grave amenaza de daño.

- El agresor no tiene remordimientos, tiende a culpar a la víctima y no hace ningún esfuerzo para resolver el problema.

Los incidentes de bullying pueden incluir cualquiera o todas las acciones anteriores. Los incidentes suelen requerir de una minuciosa investigación para determinar si se trata o no de bullying. Sin embargo, colocar la etiqueta correcta no es lo importante, es más importante identificar las conductas perjudiciales para todos los niños involucrados.

- El Departamento de Educación de Estados Unidos resume los efectos del bullying como:

- Disminución de logros y aspiraciones académicas

- Aumento de la ansiedad

- Pérdida de la confianza y autoestima

- Depresión y el estrés postraumático

- Deterioro general de la salud física

- Pensamientos suicidas y de lastimarse a sí mismo

- Sentimientos de alienación en el ámbito escolar, como el miedo a otros niños

Acerca del Bullying

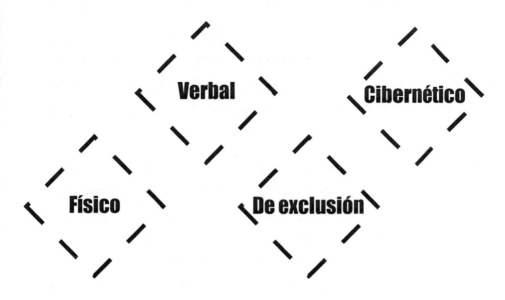

Hay cuatro tipos de bullying:

- Físico

- Verbal

- De exclusión

- Bullying cibernético

El bullying físico es la forma en la que regularmente pensamos cuando alguien dice la palabra bullying. Involucra golpear, patear, escupir, empujar, golpear, puñetazos, empujar, e incluso hacer cosquillas. También incluye tomar las propiedades de otros. Los medios de comunicación informaron recientemente de un grupo de chicos que colgó a otro de una cerca.

El bullying verbal involucra insultos, rumores, burlas, y expresiones de odio. El bullying verbal ha recibido atención adicional debido a que el Secretario de la Oficina de Derechos Civiles ha señalado en repetidas ocasiones que el bullying verbal viola los derechos civiles de las personas.

El Secretario informó adicionalmente que el gobierno de Estados Unidos no apoya ni participa en negocios con agencias que permiten violaciones de los derechos civiles. Esto podría significar la pérdida de fondos para las escuelas que permiten estas violaciones. Las palabras inapropiadas que utilizan algunos niños para referirse a los estudiantes gay y lesbianas entran en esta categoría.

La exclusión involucra impedir que una persona forme parte de un grupo. Esto es más frecuente con las niñas y también implica pandillas, elección de vestimenta en grupo y malicia como tal. Un ejemplo de mi experiencia consiste en un grupo de seis chicas que consiguieron un par de botas Ugg Boots para la Navidad. Un día, decidieron que usarían sus botas en la escuela. El problema vino cuando se negaron a permitir que otras chicas se sentaran con ellas en la mesa del almuerzo si no llevaban puestas las nuevas Ugg Boots.

El bullying cibernético es lo mismo que el bullying verbal; Solo que se lleva a cabo por medio de la tecnología. Incluye el internet, mensajes de texto, mensajes instantáneos, Facebook, Pinterest, MySpace y mucho más. Uno de principales problemas es que el ciberbullying sigue evolucionando con la tecnología. Cada vez que sale una nueva tecnología, alguien encuentra la manera de utilizarla para acosar, agredir o no dañar a otros. Debido al supuesto anonimato, el internet es una herramienta popular para el bullying.

Seguridad Cibernética

Este es también un buen momento para recordar la seguridad cibernética. El Internet es una maravillosa fuente de información, pero también es campo de juegos para personas que pueden dañar a nuestros hijos. Uno de los retos es que la mayoría de los niños saben mucho más que sus padres sobre cómo utilizar internet. Los niños han desarrollado nuevas formas de comunicación para mantener sus conversaciones privadas, sin que sus padres tengan acceso a ellas.

Los niños son confiados y no entienden las posibles consecuencias. Consideran a las personas que conocen como amigos. El Centro de Investigación Pew informa que el adolescente promedio tiene 300 amigos en Facebook. ¿Trescientos amigos? ¿De verdad? No es posible que todas estas personas sean sus "amigas".

Una de mis mayores preocupaciones es la información los niños están compartiendo en línea. El Centro de Investigación Pew informa que:

- 91% publica una fotografía de él o ella misma
- 71% publica el nombre de su escuela
- 71% publica la ciudad o pueblo en el que vive
- 53% publica su dirección de email
- 20% publica su número telefónico

- 92% publica su nombre real en el perfil que utiliza con mayor frecuencia
- 84% publica sus intereses, como películas, música o los libros que le gustan
- 82% publica su fecha de nacimiento
- 62% publica el estatus de su relación sentimental

Cada una de estas piezas de información conlleva su propia amenaza. En las manos equivocadas:

la fotografía muestra cómo luce

el nombre de la escuela proporciona el horario, rutas que toman, los días y eventos especiales

la ciudad o pueblo proporciona a los pedófilos una oportunidad local

la dirección de email proporciona una forma no monitoreada de comunicación con los niños

el número de teléfono celular proporciona todo tipo de información, incluyendo información de facturación. Busqué mi número en Google y simplemente dejé de contar cuando encontré 25 enlaces con información específica de mí, incluyendo mi fotografía. Intenta buscar el número celular de tu hijo en Google

el nombre real proporciona tanta información, si no es que más que el número telefónico. Busca en Google el nombre de tu hijo

los intereses le proporcionan a los pedófilos temas de conversación con tu hijo, tienen información de algo que les interesa

la fecha de nacimiento oh, puedo enviar una tarjeta de cumpleaños, también puedo robar tu identidad

el estatus de la relación sentimental ayuda a identificar tus vulnerabilidades

Ahora junta los ocho y tendremos una receta para el desastre. Por favor, revisa el uso que tus hijos hacen de internet.

El agresor

Creo que un agresor es simplemente un niño que no ha encontrado una manera apropiada de satisfacer sus necesidades

Sucede de la misma forma en la que un bebé que tiene hambre empieza a llorar, gritar y patear. Para tranquilizarlo, se le ofrece al niño un biberón. El problema del bebé está resuelto.

La siguiente vez que tenga hambre, va a llorar, patear y gritar. De nuevo, se le ofrece un biberón. Así que rápidamente aprende que llorando, gritando y pataleando obtendrá un biberón.

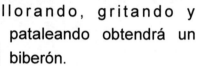

Un agresor es simplemente un niño que no ha encontrado una manera apropiada de satisfacer sus necesidades

Se preguntará qué más puede obtener llorando, gritando y pataleando. Así que la próxima vez que quiera algo, llorará, pateará y gritará.

Pasa lo mismo con los agresores. En preescolar y jardín de niños aprendieron que podían usar la fuerza para obtener cosas de los demás niños. Sin la intervención adecuada, este comportamiento continúa, incluso en la edad adulta.

Algunos agresores solamente tratan de encajar, quieren demostrar que son geniales. Utilizan el bullying para hacer reír a la gente y ser aceptados. Otros utilizan el bullying para mostrar lo poderosos que son. Aun así, otros agreden solo para ser parte de un grupo. Una vez más, es un niño que no ha encontrado una forma adecuada de satisfacer sus necesidades.

Los agresores de sexo masculino por lo regular se enfocan en la fuerza y los ataques físicos. Los chicos generalmente pelean por propiedades, posesiones. El bullying de las niñas por lo general se enfoca en la amistad y la aceptación social. Las chicas generalmente pelean por una sola cosa, chicos.

Los agresores tienden desempeñarse deficientemente en la escuela. Además llevan este comportamiento a la edad adulta, el 60% de los varones que continúan agrediendo, tienen al menos una condena penal para la edad de 24 años. No hay estadísticas disponibles para las mujeres, todavía.

Mi experiencia indica que las chicas de sexto y noveno grado son las peores infractoras. Probablemente está relacionado con su entrada en un nuevo entorno. Sus acciones son por lo general grupales y, frecuentemente se califica como que solamente están siendo malvadas, el afecto de un chico suele ser la raíz del problema.

Los agresores son frecuentemente víctimas que no recibieron ayuda a tiempo. Es importante ayudar a los agresores a comprender lo que les costará su comportamiento. Necesitan entender que hay consecuencias inmediatas y a largo plazo para sus acciones. Debido a que rara vez se preocupan por la víctima, es importante ayudarles a entender por qué esta dentro de su mejor interés el aprender una mejor forma de satisfacer sus necesidades.

El costo de seguir agrediendo debe presentarse como alto.

La víctima

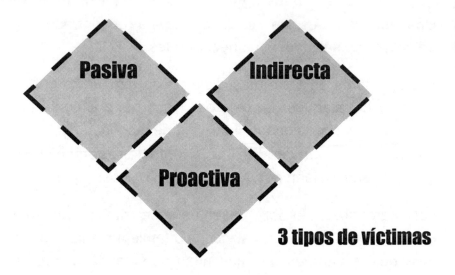

3 tipos de víctimas

Considero que una víctima es también un niño que no ha encontrado una forma apropiada satisfacer sus necesidades. Hay tres tipos de víctimas: pasivas, proactivas e indirectas.

La víctima pasiva es en la que pensamos más frecuentemente en lo respecta al bullying.

Es la persona que no responde a los ataques. Se piensa que es débil y se le dice que se defienda por sí misma. Este niño carece de las habilidades sociales y verbales para manejar la situación adecuadamente.

La víctima proactiva es la que fue agredida en el pasado y finalmente crece lo suficiente; ahora es lo suficientemente alta; o ha sido agravada suficiente como para responder a los ataques.

Esta situación está plagada de problemas para este tipo de víctima. Un problema es que por lo general atacan, pero no a sus agresores anteriores, sino a alguien que consideran inferior. Otro problema es que no tienen la costumbre de estar en el papel del agresor, por lo que son torpes y casi siempre los atrapan.

La identificación de este tipo de víctima suele consumir mucho tiempo y por lo tanto frecuentemente se pasa por alto. Así que no solo eran el objeto del abuso de un agresor, sino que ahora están siendo sometidos a las consecuencias que recibe un agresor. En esencia, estas víctimas son victimizadas dos veces.

Las víctimas indirectas son las que son testigos del bullying.

Son víctimas porque temen que solo sea cuestión de tiempo antes de que sea su turno para ser agredidas. Esta es una de las razones por las que los niños no intervienen, por el temor de que la agresión será dirigida hacia ellos. Estos son los 160.000 niños que se quedan en casa todos los días con dolores de cabeza y de estómago indeterminados.

Las víctimas necesitan ayuda para aprender formas de satisfacer sus necesidades de forma apropiada.

Un paso muy tenue es ayudar a la víctima a entender qué es lo que sucede con su

> Una víctima es también un niño que no ha encontrado una forma apropiada satisfacer sus necesidades

comportamiento que la coloca en posición de ser

una víctima. Esto es tenue porque debemos tener mucho cuidado de no culpar a la víctima. Sin embargo, si hay un comportamiento que aumenta las posibilidades de que un niño sea agredido, debemos decírselo para ayudarle a encontrar la forma más apropiada de expresarse.

Un ejemplo de esto fue parte de una noticia acerca de una chica adolescente a la que molestaban porque caminaba sobre las puntas de sus pies. Su madre explicó que ella hacía esto desde que tenía aproximadamente dos años. Los padres consideraron que era un hábito "lindo" y que ella eventualmente se olvidaría de él. Siguió caminando de esta forma, ahora sus tendones se habían acortado, haciendo que le fuera imposible caminar de otra manera. Era molestada y ridiculizada por sus compañeros. ¿No hubiera sido mucho más fácil para ella que sus padres hubieran corregido su forma de caminar cuando tenía dos años?

Las víctimas deben entender que ser una víctima también tiene su costo

Sufren dolores de cabeza, dolores de estómago y falta de sueño. Además de la ansiedad que sienten, las víctimas tienden a apartarse y salir mal en la escuela.

Los noticieros están llenos de historias sobre niños que han vivido tal angustia a causa del bullying, que sintieron que el suicidio era la respuesta.

Este fenómeno ha llegado a ser conocido como *bulicidio*. En nuestra presentación, *One Child is One Too Many!* (¡Un niño ya es damasiado!), hemos identificado a casi treinta niños que eligieron esta solución. Se cree que lo intentaron decenas más, pero no tuvieron éxito, lo que los dejó en diversos estados de debilidad; algunos sufrieron daño cerebral irreparable.

Noticias recientes reportaron que la victimización de una víctima de bulicidio que no terminó con su muerte, cuando estudiantes que acudieron a un baile al que asistió su hermana, cantaron "Nos da gusto que esté muerto".

La comunidad tolerante

La comunidad tolerante es la tercera parte del **Triángulo del bullying™**. Se trata de la tolerancia de la comunidad a nuestro alrededor. Esta comunidad se conforma con los espectadores, adultos, escuelas, la comunidad local y los padres.

Los espectadores frecuentemente proporcionan una plataforma de aliento y estímulo para el bullying.

Las estadísticas nos dicen que los espectadores intervienen en situaciones de bullying aproximadamente 11% de las veces. Estos niños necesitan entender su participación en el bullying. Necesitan entender cómo les afecta el bullying. Deben entender que también son víctimas al ser testigo de los hechos. Necesitan que se les enseñe formas de intervenir de manera segura. Cuando menos, deberían irse y no alentar a los agresores.

Los adultos a menudo incentivan el comportamiento agresivo.

Las estadísticas dicen que nosotros los adultos solamente intervenimos en situaciones de bullying en aproximadamente 4% de las veces. Muchos adultos continúan apoyándose en el axioma de que simplemente así son los chicos. Es importante que los adultos se den cuenta de que el bullying no es un rito de iniciación.

Los palos y piedras podrán romperme los huesos

¡Y LAS PALABRAS TAMBIÉN HIEREN!

La comunidad incluye a los medios de comunicación, iglesias y otros lugares de culto, programas después de la escuela, clubes, establecimientos de venta al por menor, y cualquier otro lugar al que tengan acceso los niños.

También los programas de televisión y juegos de video que hacen ver la agresión como si fuera glamorosa y que tienen nombres como Bully Beatdown (Paliza a los bravucones) contribuyen en gran medida al problema. Tienden a desensibilizar la visión de violencia de los niños y a reducir al mínimo los resultados y las consecuencias.

Las iglesias, lugares de culto, programas después de la escuela, y clubes deben ser conscientes de que el bullying no se detiene cuando suena la campana de la escuela. Estos lugares de la comunidad son frecuentemente el escenario en donde ocurre el bullying.

Y los establecimientos que venden camisetas que con dichos como *Los soplones reciben su merecido* contribuyen al problema.

Los padres también contribuyen muchas veces sin saberlo

- *¡Mi mamá dijo que si alguien me golpea tengo derecho a regresar el golpe!*

- *¡Defiéndete; no permitas que nadie se aproveche de ti!*

- *¡Si no te enfrentas a ellos, te las verás conmigo!*

Y muchas otras combinaciones alrededor del mismo tema, ¡esto simplemente no es útil! Tampoco es útil la práctica de hacer comentarios despectivos sobre determinados grupos de personas, en particular de sus orígenes étnicos o religiosos, o de su orientación sexual, o de sus capacidades físicas o mentales.

Enseñar a nuestros hijos a ser respetuosos con los demás ayuda a crear un mejor ambiente de aprendizaje, así como una escuela y comunidad más seguras.

Una nota para los padres, particularmente para los papás - Cuando le dicen a sus hijos que se defiendan, que devuelvan el golpe y cosas similares, en realidad los están poniendo en riesgo. Si su hijo pudiera hacerlo, no estaríamos teniendo esta conversación. Tampoco conocen los antecedentes del niño con el que los están animando para pelear.

En una de mis escuelas, dos chicas de noveno grado tuvieron una pelea, a causa de un chico, por supuesto. El encuentro a gritos involucró tanto a las chicas como a sus amigas. En respuesta, el director organizó una reunión al estilo de una asamblea pública (contra mis recomendaciones), en donde se invitó a que asistieran las familias. La reunión se llevó a cabo un jueves debido a que si las chicas no habían resuelto nada para el viernes, tendrían otro encuentro.

El domingo por la noche recibí una llamada en la que me pedían reunirme con los padres, el delegado superintendente de distrito y el jefe de la policía escolar el lunes por la mañana.

En la reunión me informaron que una de las chicas era un miembro de la familia de una conocida pandilla criminal. En respuesta a la pelea, ocho autos con adultos armados con pistolas condujeron a la calle en la que vivía la otra chica de noveno grado. Algunos se bajaron de sus autos con las armas en alto, gritando "¿Dónde viven esos #@!$%?"

Y todo a causa de una riña entre dos niñas.

En una nota especial

Niños con Necesidades Especiales

Los niños con necesidades especiales representan un verdadero desafío en la lucha contra el bullying. Estos niños son tan propensos a ser agresores como lo son a ser víctimas. Como agresores, su falta de comprensión y habilidades para expresarse es frecuentemente la causa de sus comportamientos agresivos. En el caso de algunos niños, no es suficiente decirles que su comportamiento es inaceptable, requieren de recordatorios y vigilancia constantes.

Los niños con necesidades especiales representan las víctimas proactivas clásicas. Ahora tienen la edad suficiente, son lo suficientemente fuertes o grandes como para contraatacar. Imitan las acciones que tomaron en contra de ellos.

Como víctimas, estos niños suelen ser víctimas pasivas. Sus necesidades especiales, físicas, emocionales o mentales los convierten en el objetivo de los agresores. En mi experiencia, esto es particularmente cierto si las necesidades especiales no se manifiestan con claridad. Los niños empatizan con alguien que perciben que tiene problemas, pero no con alguien que consideran su igual.

Los niños con alergias alimenticias

45% de los niños con alergias alimenticias reportan haber sido agredidos. Estos niños reportan que a menudo son agredidos por maestros y otros adultos. 31% de los niños con alergias alimenticias son amenazados con el alimento al que son alérgicos.

Los niños con alergias alimenticias también reportan haber sido objeto de burlas en repetidas ocasiones. Y un hallazgo bastante perturbador es que más del 20% de las burlas provinieron de los maestros o personal de la escuela. En el 43% de los casos, los estudiantes reportaron que les balancearon frente a su rostro los alimentos a los que son alérgicos. Esto no solo es malvado, podría tener graves consecuencias.

> En el 43% de los casos, los estudiantes reportaron que balancearon frente a su rostro los alimentos a los que son alérgicos.

Niños superdotados

De forma similar a los niños con necesidades especiales, los niños superdotados suelen estar involucrados en el bullying como agresores y víctimas.

Como agresores, suelen utilizan su intelecto superior para burlarse y acosar a los niños que no son sus iguales. En ocasiones utilizan el bullying como forma de perturbar a un niño que sienten está en competencia con ellos. Debido a sus habilidades especiales, sienten con frecuencia que son más inteligentes que los adultos que los rodean.

Corregirlos crea otro desafío, porque les enseñan a ser los mejores y los más brillantes, y por lo tanto no suelen meterse en problemas. Sus padres e incluso algunos maestros se niegan a creer que podrían estar involucrados y su comportamiento es a menudo justificado. Hay una sensación de que están por encima de la ley.

También aparecen como víctimas. La sabiduría juvenil actual es: ser inteligente no es genial y con frecuencia se burlaban por su capacidad escolar. En su anhelo de encajar, a menudo se niegan a reportar incidentes o restan importancia a la gravedad de los mismos.

Niños gay, lesbianas, bisexuales, y transgénero (LGBT)

Las estadísticas de los niños de la población LGBT son desalentadoras:

61% de los niños de la población LGBT reportan que no se sientes

86% de los niños de la población LGBT reportan ser agredidos regularmente

61% de los niños de la población LGBT reportan que no se sienten seguros en la escuela

85% de los niños de la población LGBT reportan haber sido acosados verbalmente

¿Puedes imaginar ir a la escuela con miedo todos los días? ¿Temeroso de que alguien te acose? ¿Temeroso de que alguien te agreda físicamente? No me puedo imaginar tratar de aprender bajo esas circunstancias. ¿Y tú? Sin embargo, esa es las experiencias diaria de los niños gay, lesbianas, bisexuales y transexuales.

Desafortunadamente, en muchas comunidades el uso de las palabras gay y maricón se han convertido en insultos aceptados. Este acoso es muy común; y se lleva a cabo abiertamente, con frecuencia ante la presencia de adultos. He escuchado personalmente que personal escolar hace comentarios despectivos, utilizando estos insultos. Y por si creías que esto no podía empeorar; cuando los niños reportan el acoso, no se hace mucho al respecto. A menudo se les dice que no hay nada que el maestro o la escuela pueda hacer.

No importa tu postura sobre esta cuestión; es importante recordar que son niños. Merecen ser protegidos. ¿Cómo te sentirías si uno de estos niños fuera tu hijo?

Tenemos que ayudar a los niños a entender que estas palabras ya no son aceptables, así como tampoco lo son las palabras ofensivas, o cualquier otro insulto racial o étnico. El uso de estas palabras puede considerarse como una violación de los derechos civiles o como crimen de odio. Esto puede venir con sus consecuencias. Estas consecuencias pueden incluir una acción legal en contra de las familias y las escuelas. También puede causar la pérdida de fondos para las escuelas.

Recuerda la jerarquía de las necesidades de Maslow, **los niños no pueden aprender cuando no se sienten seguros.**

Chicas malvadas

Las llamadas "chicas malvadas" son otro grupo con el que se debe tener cuidado. Por lo general comienza solo como un grupo de chicas, una pequeña pandilla. Pero lo que vemos frecuentemente es más como una mentalidad de mafia.

Deciden, por lo general sin ninguna base real, atormentar a una chica en particular. Suele haber una chica que asume el papel de líder. La líder puede tener o no un conflicto real con la agredida. La líder utiliza su poder para llamar a la acción a otras chicas.

Estas son víctimas indirectas en su máxima expresión. Las víctimas indirectas saben lo que podría pasarles si no dan su consentimiento y siguen siendo parte del grupo. Estos grupos suelen conformarse de las chicas más populares de la escuela. Parte de su maldad consiste en seguir siendo populares y tener el control.

Suelen volar por debajo del radar y pocas personas están dispuestas a enfrentarse a ellas. Esto puede incluir a los adultos, que también temen sus repercusiones.

El bullying no se detiene cuando suenan las campanas

El bullying no se detiene cuando suenan las campanas. La escuela no es el único lugar en el que los niños son agredidos. Estos comportamientos son una parte aquello en lo que se han convertido los niños. El bullying pude encontrase entre hermanos, en los programas de después de la escuela, grupos de jóvenes de la iglesia, clubes de chicos y chicas, en los exploradores, equipos deportivos, fiestas de pijamas, campamentos, y más. Estos comportamientos se exhiben en cualquier lugar en donde se reúnan los niños. Significa que el bullying está presente durante las vacaciones escolares; incluyendo las vacaciones de verano, invierno y primavera.

Es imperativo que los líderes de estos grupos sean conscientes y cuenten con políticas y protocolos establecidos.

También ocurre en las familias entre hermanos.

Adultos de Confianza

Los adultos de confianza son una valiosa herramienta en la lucha contra el bullying. Los niños deben poder recurrir con un adulto de confianza para pedir ayuda. Desafortunadamente no todos los adultos no son adultos de confianza y los niños lo saben.

Un grupo de estudiantes de escuela intermedia definió a un adulto de confianza como alguien que:

- Nos escucha sin juzgar

- No divulga nuestras confidencias

- Realmente trata de ayudar

Los niños necesitan adultos que los escuchen. Que realmente los escuchen y que no los juzguen. Este no es el momento para decirles todo lo que están haciendo mal. Los niños hablarían si los adultos los escucharan.

El Adulto de Confianza

Nos escucha sin juzgar
No divulga nuestras
confidencias
Realmente trata de ayudar

Recuerda que hubo un tiempo en el que tenías su edad y tampoco tomaste las mejores decisiones. Para ser honestos, todavía el día de hoy, no tomas siempre las mejores decisiones. Solamente escúchalos.

Los niños saben que hay algunas cosas que no pueden mantenerse en confidencia, pero sus problemas no deberían ser una broma en la sala de almuerzo o en una fiesta de cóctel. Podrías verlo como entretenimiento, pero los niños están en apuros. Este no es el momento para hacer de su dilema un ejemplo.

Por último, necesitan adultos que los traten de ayudar. Adultos que traten de mejorar su situación. Aquí es donde a los niños les vendría bien una guía. ¿Cómo podría manejarse mejor la situación?

No es útil sugerir estrategias que los metan en más problemas; cosas como sugerir responder a los ataques, insultar a las personas etc. Además, este no es el momento de decirle al niño que "simplemente se defienda" por sí mismo. Si este niño estuviera en condiciones de hacerlo, no estaríamos teniendo esta conversación ahora.

Los niños son los que hacen la designación de un adulto de confianza. Kids First anima a los niños a dar certificados a los adultos que ven como adulto de confianza. Se les pide a estos adultos para publiquen los certificados para que otros niños sepan que otro niño determinó que este es un adulto en el que se puede confiar.

El eslabón perdido

Como sociedad, hemos trabajado duro para elevar el sistema de educación para nuestros hijos.

Los niños comienzan a aprender programas desde pequeños. Los niños entran a la escuela a una edad temprana. Los niños aprender a leer más pronto y con buena comprensión. Los niños están expuestos a diversos programas de enriquecimiento. Los niños aprenden deporte, música y arte pronto en la vida.

La empatía es el eslabón perdido

Pero en nuestros esfuerzos para crear seres humanos más grandes, más inteligentes y más maravillosos, hemos perdido un eslabón muy importante. El eslabón perdido es la empatía.

A los niños les gustan los animales. Los niños sienten *compasión* por los niños hambrientos en tierras lejanas.

Pero carecen de empatía hacia sus iguales.

Dictionary.com define la empatía como *la identificación intelectual con o experiencia directa de los sentimientos, pensamientos o actitudes de otros.*

Este es un ejemplo muy triste, según lo informado por los medios de comunicación

Los agresorees continúan atormentando a una familia desconsolada incluso después del suicidio de su hijo gay de 14-años de edad. Estudiante de Nueva York Jamey Rodemeyer *se suicidó* después de quejarse en repetidas ocasiones de los agresores en su escuela y después de hacer un muy emotivo video en YouTube en el que habla de sus esperanzas para un futuro mejor. *Ahora, esos mismos agresores gritaron "nos da gusto que esté muerto" cuando la hermana de 16 años de Jamey, Alyssa, asistió a un baile de bienvenida. "Ella se estaba divirtiendo y de pronto comenzó una canción de Lady Gaga, y todos comenzaron a cantar para Jamey, todos sus amigos". Dijo la mamá de Jamey, Tracy, en* **Today Show.** *"Entonces los mismos agresores que lo pusieron en esta situación comenzaron a corear, '¡Estás mejor muerto!' y '¡Nos da gusto que estés muerto!'"* Alyssa "llegó a casa hecha un mar de lágrimas" dijo su mamá. "Se convirtió en una agresión incluso después de que él ya se había ido." Su papá agregó: "No puedo entenderlo. No sé por qué alguien haría eso. No tienen corazón". Las autoridades aún están considerando *si presentarán cargos de crímenes de odio u hostigamiento penal* **contra** los agresores clave que se burlaron de Jamey. Lady Gaga dedicó una canción a la memoria de Jamey en un concierto de fin de semana en Las Vegas

Los niños simplemente no lo entienden.

No entienden que si te golpeo, te duele.

No sé por qué no lo entienden, tendré que dejar eso a la comunidad de salud mental, solo sé que no lo hacen. De alguna forma fallamos en enseñarles a sentir el dolor de los demás. La empatía debe enseñarse y ser moldeada en el hogar y en la escuela.

La empatía es el eslabón perdido.

Eliminando el Bullying

Lo que no funciona

Todos están luchando tratando de hacer frente a esta creciente epidemia de bullying. Muchas de las ideas que antes eran consideradas estrategias sólidas en realidad no funcionan.

Ignorar el bullying – Los adultos mal informados siguen dando este consejo. Ignorar el comportamiento envía el mensaje equivocado. Le dice al agresor que puede tratar mal a la gente y que eso está bien. Para la víctima, el mensaje es que debe aprender a vivir siendo maltratado. Y a la comunidad le dice que tenemos que soportar esto en nuestra comunidad y esperar que las cosas mejoren algún día..

Solo enfréntate al agresor – Un personaje de la televisión muy popular ofrece este consejo. Y me estremezco cada vez que lo escucho. Aunque esto puede funcionar para algunos niños, la mayoría de las víctimas del bullying no pueden enfrentarse. Carecen de la capacidad ya sea física, verbal o emocional. Si la tuvieran, ya lo habrían hecho. ¿Y qué significa enfrentarse? ¿Obtener un arma? ¿Quedar a mano?

Mediación entre los compañeros – El bullying no se presta a la mediación porque hay una falta de igualdad en el poder o poder percibido, y ese es uno de los elementos necesarios para la mediación. El agresor por lo general no tiene ningún incentivo para mediar en buena fe. La mediación es voluntaria. Ambas partes deben querer tener éxito. En la mediación se busca una situación de ganar / ganar. Esta es rara vez la meta de un agresor.

Hacer que el agresor y la víctima se sienten a "hablarlo"– De manera similar a la mediación, esto no funciona debido a la desigualdad en el poder y la falta de deseo del agresor para resolver las cosas. Además el agresor también suele enviar el mensaje, "Iré por ti cuando esto termine". Los adultos no reconocen el mensaje amenazante con demasiada frecuencia y la víctima es victimizada una vez más.

Hacer que los padres de ambos se sienten a "hablarlo"– Esto también puede ser desastroso. Supongamos que uno de los padres es más agresivo que el otro. A veces esto es un estilo de comunicación en una familia. ¿Cuál es el mensaje que recibe la víctima cuando tu papá amenaza con golpear a mi papá?

Asambleas – Aunque generalmente son divertidas e informativas, las asambleas rara vez tienen un impacto duradero. Debido al número de estudiantes, por lo general las primeras filas de estudiantes están involucradas y las últimas filas están ocupadas promulgando las conductas que están siendo amonestadas en el escenario. El bullying no responde a un esfuerzo de una sola vez.

Políticas de cero tolerancia – Estas políticas están diseñadas para exhibir la seriedad y la intención de las autoridades de enfrentar el tema seriamente. Sin embargo, las políticas de cero tolerancia suelen eliminar el proceso de pensamiento de los adultos a cargo. Frecuentemente "atan sus manos". Estas políticas no suelen considerar a las víctimas proactivas. Las víctimas proactivas son tratadas como agresores y son victimizadas una vez más.

Criminalización - A veces los niños toman muy malas decisiones. Ponerles etiquetas y criminalizarlos no les enseña los comportamientos apropiados. Los niños necesitan que se les enseñe y hacerlos rendir cuentas. El sistema penal debe ser el último recurso después haber hecho todo en nuestro poder para reorientar el comportamiento del niño. Tenemos que recordar que son niños. Un agresor es un niño que no ha encontrado una forma adecuada para satisfacer sus necesidades. Tenemos que recordar que el problema es el comportamiento y no el niño.

> Un agresor es un niño que no ha encontrado una forma adecuada para satisfacer sus

Los programas anti-bullying funcionan

El bullying típicamente se reduce en un 50% en las escuelas que tienen un programa anti-bullying. La clave es un programa, uno que sea replicable y sostenible. Una película no es un programa.

Nuestro programa, **Tácticas desde las Trincheras™**, es replicable y sostenible. Es una solución probada.

Tácticas desde las trincheras™

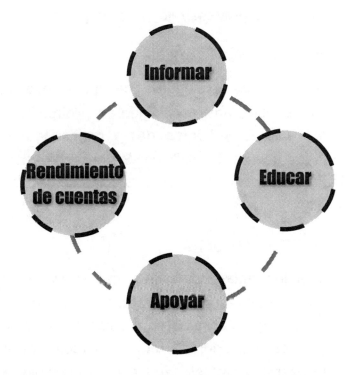

Tácticas desde las trincheras™ es la solución de cuatro puntas de Kids First. **Tácticas desde las trincheras ™** ayuda a crear un cambio en el paradigma diseñado para eliminar el bullying. Es una solución probada que funciona. No es solo una teoría. Las cuatro puntas son:

- informar

- educar

- apoyar

- rendimiento de cuentas

Informar – Informar proporciona una definición funcional del bullying. Ayuda a hacer que los estudiantes, educadores y otros miembros del personal, junto con los padres y las comunidades tomen conciencia de la gravedad del problema que crea el bullying.

¿Por qué es importante informar?

Es importante estar seguros de que todas las partes interesadas: estudiantes, educadores, y otros miembros del personal, padres y líderes de la comunidad están bien informados acerca del bullying. Se necesitará del esfuerzo de todos para crear un cambio de paradigma para erradicar el bullying.

¿´Qué forma tiene?

Para los estudiantes, puede tomar la forma de presentaciones en el aula y así como la integración en el plan de estudios. Para los padres puede ser presentaciones en reuniones de padres y otras reuniones. Para los educadores y demás personal de la escuela puede ser el desarrollo profesional. Para las comunidades puede ser el intercambio de información con los vecinos, en los lugares de culto y las reuniones de la comunidad.

Educar – Educar incluye compartir el precio que el bullying impone en el agresor, la víctima, la escuela y la comunidad en general. Consiste en que todos sepan de las consecuencias de la conducta del bullying

.

¿Por qué es importante la educación?

Cuando todas las partes interesadas reconocen el efecto que tiene el bullying   en todos los segmentos de la comunidad, es más fácil difundir el mensaje de: ¡No toleramos el bullying!

¿Qué forma toma?

Muy parecido al de informar, la educación se da en el salón de clases y en las actividades para los estudiantes. Para los padres, es de nuevo cada vez los padres se reúnen. Para los educadores y demás personal de la escuela puede ser en el desarrollo profesional. Y para la comunidad es compartir la información en donde se reúna la gente.

Apoyo – el apoyo incluye proporcionar un sistema para informar y responder a las quejas del bullying; un sistema para recopilar y reportar datos; ayuda para el agresor, la víctima y los adultos que quieran asistir.

¿Por qué es importante el apoyo?

Los niños necesitan recibir la oportunidad de aprender mejores formas de satisfacer sus necesidades. Se les ha dicho lo que no se debe hacer, pero no lo que sí se debe hacer en su lugar. Necesitan saber dónde pueden acudir cuando se enfrentan con desafíos. Los padres y el personal también necesitan saber dónde pueden acudir en busca de ayuda.

¿Qué forma toma?

Clubes u organizaciones que abordan las cuestiones; Algunas fuentes de apoyo para los estudiantes son un lugar seguro para ir a "relajarse" y los adultos de confianza. Para adultos, las fuentes de apoyo son libros, cursos de formación y acceso a la información más reciente sobre el bullying.

Rendimiento de cuentas – El rendimiento de cuentas incluye una definición clara de las consecuencias del bullying y la aplicación equitativa

¿Por qué es tan importante el rendimiento de cuentas?

Tiene que haber consecuencias rápidas y serias. Todos deben de saber cuáles son las consecuencias. Los niños necesitan ser obligados a pensar "¿vale la pena?" antes de actuar. Si creen que habrá poca o nulas consecuencias, o que es posible que no se apliquen, estarán dispuestos a correr el riesgo. Los padres también deben ser conscientes de las consecuencias para que no haya confusión cuando se apliquen. Cuando las consecuencias son conocidas y aplicadas uniformemente no se pierde el tiempo en el salón de clases tratando de decidir qué hacer en respuesta al bullying.

¿Qué forma toma?

Como se mencionó anteriormente, un gráfico predeterminado de la escalada de que todos sepan el costo de ser atrapado agrediendo.

Ahora **tú** ya has sido <u>informado</u>, sabes lo que es el bullying y puedes reconocerlo en tu entorno.

Ahora **tú** ya has sido <u>educado</u>, sabes que para que pueda existir el bullying se necesita de un agresor, la víctima y la comunidad.

Ahora **tú** ya has sido <u>apoyado</u> con información, recursos, ideas y opciones.

Ahora se te pedirá que <u>rindas cuentas</u>

¡Hay algo que puedes hacer!

.

El triángulo del bullying™

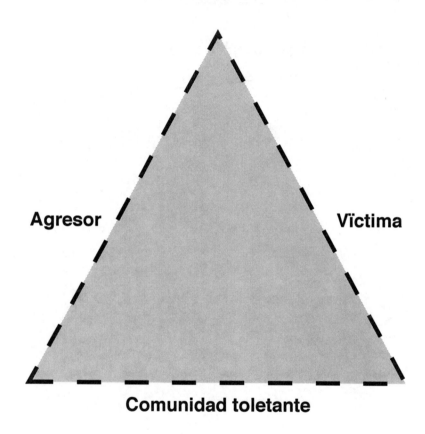

Agresor

Vïctima

Comunidad toletante

Remueve cualquier elemento del triángulo y el bullying se detendrá

¿Bullying?

¡No toleramos el bullying!

Una docena de cosas que los padres pueden hacer

1. Modelar en casa del comportamiento tolerante
2. Escuchar a su hijo
3. Aprender a identificar el comportamiento del bullying
4. Aprender a identificar el comportamiento de la víctima
5. Hablar con su hijo del bullying
6. Convertirse en un Adulto de Confianza
7. Ayudar a su hijo a identificar a otro adulto de confianza
8. Hablar con su hijo del bullying
9. Hablar del bullying en su lugar de culto
10. Insistir a que la escuela tome acción
11. Ayudar a recaudar fondos para la prevención del bullying
12. Compartir Información en la comunidad

¡No toleres el bullying!

5 razones por las que debes utilizar Kids First

Las tácticas de **Kids First's** funcionarán en tu escuela, es una estrategia probada, no una teoría.

Los especialistas urbanos de **Kids First** son sensibles a las necesidades de la diversidad cultural de tu hijo.

Kids First te ayuda a crear el cambio de paradigma necesario para eliminar el bullying al capacitar a los estudiantes, educadores, padres y líderes de la comunidad.

El entrenamiento de **Kids First** se ajusta a tu horario. Está disponible a cualquier día y hora.

Kids First ayuda a informar, educar y apoyar a las familias sin costo alguno para ti. Puedes utilizar el entrenamiento como recaudador de fondos.

Lista de verificación para los padres

✓ **Pregunta a tu hijo** si está siendo agredido o conoce a alguien que esté siendo agredido

Si su hijo está viendo cómo agreden a otro niño, también es una víctima

✓ **Pregunta a tu hijo** si saben a quién deben reportar incidentes de bullying

"El maestro "no es una buena respuesta. Necesitan el nombre de una persona en específico. Alguien que ayude y mantenga registros

✓ **Pide a tu hijo** una copia de la política y protocolo anti-bullying

¿La escuela no tiene una política o protocolo anti-bullying? Esa es una señal de alerta

✓ **Pregunta en tu escuela** qué sucede cuando agreden a un niño

Estás intentando averiguar si siguen el protocolo

✓ **Pregunta en tu escuela** cuántos incidentes de bullying tuvieron el año pasado

Si no guardan los registros, ¿cómo saben si el bullying es un problema?

✓ **Pide ayuda a los expertos en bullying** si la necesitas

Los especialistas en resolución de conflictos de Kids First son expertos anti-bullying experts. Kids First puede ayudar.

Fuentes

Departamento de Educación de los Estados Unidos, Oficina de Derechos Civiles
Carta 'Estimado Colega': Acoso y hostigamiento. (26 de octubre del 2010)
Antecedentes, Resumen, y datos clave Hechowww2.ed.gov/about/offices/list/ocr/docs/dcl-factsheet-201010.pdf

Departamento de Salud y Servicios Humanos de los Estados Unidos
Administración de Recursos y Servicios de Saludstopbullying.gov/community/tip_sheets/about_bullying.pdf

Estadísticas sobre el bullying
sears,com/anti-bullying-statistics/dap-120000000283435

Centro de Investigación Pew
Adolescentes, medios sociales y privacidad
pewinternet.org/Reports/2013/Teens-Social-Media-And-Privacy/Summary-of-Findings.aspx

El Diario de la Academia Americana de Pediatría

Web MD

Purdue University
The Health Behavior in School-aged Children

Recursos

Resolución de Conflictos y Capacitación de Kids First

Control de la ira • Anti-bullying • Resolución de conflictos • Mediación entre compañeros

KidsFirstConflictResolution.com

WeDontTolerateBullying.com

Síguenos en Twitter @BullyExpert

Kids First está en Facebook   Deborah Thorne está en Linked In

Leyes estatales de bullying cibernético
Una breve revisión las leyes y políticas estatales del bullying cibernético

Sameer Hinduja, Ph.D. y Justin W. Patchin, Ph.D.
Centro de investigación del bullying cibertnético

Una carta de Ms. D

Estimados padres,

Espero haber proporcionado un poco de entendimiento sobre el problema del bullying. Mi deseo es mostrarles el problema y ofrecer un poco de esperanza. Creo que es un problema severo, pero hay esperanza. Hay algo que los padres pueden hacer

Modelé la Táctica desde las Trincheras ™ en este libro.

Les informé del problema que presenta el bullying; proporcioné estadísticas para demostrar la importancia del problema; y los animé a evaluar su escuela.

Los eduqué proporcionándoles una definición del bullying; les presenté el Triángulo del Bullying™ de Kids First; expliqué los cuatro tipos de bullying; expliqué el costo que tiene para el agresor, la víctima y la comunidad; y les dije lo que no funciona.

Los apoyé al presentar y modelar las Tácticas desde las Trincheras™; los animé a convertirse en un Adulto de Confianza para sus hijos y otros niños; y enumeré algunos recursos.

Finalmente, quiero que rindan cuentas. Proporcioné una lista de cosas que podrían considerar hacer para ayudar a sus hijos, escuela y comunidad. Se dice que, si no eres parte de la solución, eres parte del problema. ¿Qué eres tú? No es suficiente hablar de lo malo que es el bullying, todos debemos participar y hacer algo.

Bajo las circunstancias adecuadas, cualquier niño puede encontrarse en una situación de bullying; ya sea como agresor, víctima o comunidad tolerante. Debemos recordar que todavía son niños, todavía están aprendiendo. Nuestro trabajo como padres es enseñarles.

Se necesitará de un cambio de paradigma para que podamos erradicar esta epidemia de bullying. Les suplico que por favor utilicen las Tácticas Desde las Ttrincheras™; informen, eduquen, apoyen y exijan que sus hijos, escuela y comunidad rindan cuentas. Recuerden el proverbio africano, "Se necesita un pueblo para educar a un niño". Kids First está aquí para ayudar.

Gracias por permitirme proporcionarles mis servicios

De Ms. D para miles de niños

Invita a Ms. D a hablar en tu escuela

Los temas incluyen:

Manejo de la ira

Anti-bullying

Entrenamiento de carácter

Elementos Fundamentales del Desarrollo

Inspiración

Liderazgo

Desarrollo

Estilos de conflicto y cómo manejarlos

Para hacer una reservación para que Ms. D hable o lleve al equipo de the Kids First a tu escuela, iglesia, u otra organización juvenil

Envía un email a **ItsKidsFirst@gmail.com**

O llama al **310-497-1640**

¿Deseas más información?

¿Bullying?
¡No Toleramos el Bullying!
Hay algo que los padres pueden hacer (en español)

¿Bullying?
¡No Toleramos el Bullying!
Hay algo que los educadores pueden hacer

¿Bullying?
¡No Toleramos el Bullying!
Hay algo que los estudiantes pueden hacer

Conviértete en un Padre Educador

Para más Información envía un email a

Training@WeDontTolerateBullying.com

Pregunta por

Entrenamientos en vivo

Aprende y comparte

Programas de Resolución de Conflictos

Contacto

Kids First Conflict Resolution and Training Services
ItsKidsFirst@gmail.com
KidsFirstConflictResolution.com
WeDontTolerateBullying.com
Facebook.com/AskMsDAboutBullying
twitter.com/bullyexpert

CPSIA information can be obtained at www.ICGtesting.com
Printed in the USA
LVOW10s1534050416

482261LV00018B/1037/P